Blick zurück... 2017

BoD™
BOOKS on DEMAND

Jeden Monat des Jahres konnten die Mitglieder des intern. Literatur und Künstlerforums Garten der Poesie, die eingereichten Werke öffentlich bewerten. Die höchst bewerteten Beiträge wurden in diesem Jahrbuch zusammengefasst.
Ich danke allen Beteiligten für ihren Einsatz im Interesse einer stetig wachsenden Forum Gemeinschaft.

Januar 2018   Bernd Rosarius
                                                       (Administrator)

Garten der Poesie

Blick zurück... 2017

Lyrische Blüten verwelken nie!

*Bibliografische Information der Deutschen Nationalbibliothek:
Die Deutsche Nationalbibliothek verzeichnet diese Publikation
in der Deutschen Nationalbibliografie; detaillierte bibliografi-
sche Daten sind im Internet über http://dnb.dnb.de abrufbar.*

© *2018 Garten der Poesie* **(Herausgeber: Bernd Rosarius)**

Bilder/Fotos/Texte: Garten der Poesie **(Namen der Autoren,
auf der Cover-Rückseite)**
*Covergestaltung: BOD Vorlage/**Foto: Garten der Poesie***

*Herstellung und Verlag: BoD – Books on Demand, Nor-
derstedt*

ISBN: 978-3-7460-6903-6

Inhalt:

Inhalt:

Inhalt:

November: Geschichten am Kamin

Dezember: Im Winterwald

Das Gedicht des Jahres

Januar:

Wenn die Tage länger werden

Winter am See

Still liegt der See,
er schläft in tiefer Ruh.
Mit Eis und weichem Schnee
deckt ihn der Winter zu.

Er schläft und träumt
von hellen, langen Tagen.
Von weichen Wellen,
die leis an seine Ufer schlagen.

Von Schilf und Gräsern,
die sanft im Wind sich wiegen,
von weißen Schwänen,
die stolz auf seinen Wassern liegen.

Vom Himmelsblau,
das zart am Horizont ihn küßt.
Er träumt und ahnt, daß dieser
Traum, schon bald kein Traum mehr ist.

© Marlis Daneyko

Im Vogelhaus

Ein kleiner Spatz im Vogelhaus,
der Tisch ist reich gedeckt.
Ein Zwitschern und in Busch und Hecken,
wird die Verwandtschaft schnell geweckt.

Bald zwitschert es, es fliegt, es zankt,
es pickt die bunte Vogelschar.
Die Meisen, Gimpel und die Spatzen,
ein Rotkehlchen ist auch schon da.

Bald, wenn die Sonne höher steht,
schenken sie uns ihren Dank.
Wir lauschen froh und hoffnungsvoll
dann ihrem Frohgesang.

© Marlis Daneyko

Das kleine Eiskristall

Mein kleines Eiskristall,
gesucht hab ich dich überall.
Nun liegst du hier im weißen Schnee.
Und mir tut's in der Seele weh.

Du bist so hoffnungsvoll vorbeigeschwebt,
doch dein Leben ist gelebt.
Dem Tode bist du nun geweiht.
Du gehst in eine andre Zeit.

Du flüchtest in die kalte Nacht,
denn sie ist für dich gemacht.
Doch die Nächte immer kürzer werden,
und der Frühling naht auf Erden.

Mein kleines Eiskristall,
ich vermiss' dich überall.

© Ingrid Hartung

Februar:

Willkommen warmes Licht

Februar

Dass Januar vor mir einzieht,
das ist für mich nur ärgerlich.
Deshalb bin ich im zweiten Glied,
die kurzen Beine hindern mich.

Schon lange wäre ich so gern,
im neuen Jahr als Erster da.
Empfangen werden, nah und fern,
von Feuerwerk und viel Trara.

Da freu'n sie sich und jubeln alle,
es wird umarmt, geherzt, geküsst.
Doch nur der Erste, in dem Falle,
der Januar, wird so begrüßt.

Bei mir, da hält es sich in Grenzen,
wenn ich erscheine ist nichts los.
Kein einer hebt das Bein zu Tänzen,
ich bin der kleine Zweite bloß.

Doch heuer, das kann ich jetzt sagen,
gibt es bei mir `nen Paukenschlag.
Der Karneval wird alles schlagen,
er schmückt mich bis zum letzten Tag.

Da wird gefeiert bis man müde,
gegeben, was man geben kann.
Dabei ist selten einer prüde,
sei es nun Mädchen oder Mann.

Ich sag es hier, ihr dürft euch freuen,
das Fasten könnt ihr gleich vergessen.
Im März erst kommt es, das Kasteien,
dann dürft ihr Fastenspeise essen.

© Barbara Kopf

Ohne Dich

Ohne Dich,
wäre die Welt stiller
Deine Stimme schenkt ihr
den wundervollen Klang

Ohne Dich,
wäre die Welt dunkler
Dein Erscheinen schenkt ihr
ein wundervolles Licht

Ohne Dich,
wäre die Welt trauriger
Dein zauberhaftes Lächeln
schenkt ihr ein warmes Licht

© Petra-Josephine

Willkommen sei du warmes Licht

Willkommen sei du warmes Licht
in dieser kalten Zeit.
Die Häuser, Mäntel schließen dicht,
der Frühling ist noch weit.

Ein jeder schützt sich vor dem Hauch
am Tag und in der Nacht.
Auf Dächern steht sogar der Rauch,
als wär' er festgemacht.

Die Böden halten lange still,
sie hüten jede Saat.
Das warme Licht schon kommen will,
wenn Frühling sich bald naht.

Sei still, du Mensch, und harre aus,
die Sonne wärmt das Land,
entlockt der Erde Halm und Strauß.
Sie setzt auch uns in Brand.

© SMart

Warmes Licht

Mal ist es wärmer, meist bitterkalt,
es herrscht noch Meister Winterwald.
Die Sonne spiegelt sich in weiß,
das Frühlingskleid noch unter Eis.
Von überall und ebenda
erklingt Willkommen Licht, hurra!
Im Sehnen wird's ums Herz ganz warm,
weil die Natur erwacht so zahm
und Freude aus den Blicken spricht,
Dankeschön, Willkommen Licht.

© Karlo

Himmelslicht

Hoch oben am Horizont,
am himmlischen Firmament,
wo endlose Ruhe herrscht
und nur die Sonne brennt.
Dort herrscht die Freiheit,
die keiner von uns kennt.

März

Frühlingsgefühle

Er naht

Er naht sich schon mit großen Schritten,
der Knabe mit dem blauen Band.
Als wollt' er sie zum Tanze bitten,
geht Fee Bahar an seiner Hand,

Die Farben hat sie mitgebracht,
bunt einzufärben, trüb und grau,
das dieser Winter hat gemacht.
Sie schmückt für uns die Frühlingsau.

Die Knospen weckt sie aus dem Schlaf,
den Schmetterling aus starrer Hülle.
Und ihr nur folgen alle brav,
verlassen Dunkelheit und Stille.

Der Knabe Frühling schwingt das Band,
Blau zieht es übers Himmelszelt.
Mit Fee Bahar an seiner Hand,
verzaubert er jetzt unsre Welt.

© Barbara Kopf

Im Garten

Im Garten hat sich rumgesprochen,
der Frühling steht schon vor der Tür.
Er hat den Kältebann gebrochen,
nun könnt ihr blühn, er sorgt dafür.

In zarter Röckchen Seidenschimmer,
dürft ihr den Sonnenschein begrüßen.
Im Frühlingsfestgewand, wie immer,
geschmückt vom Kopf bis zu den Füßen.

Genießt was kommt, in vollen Zügen,
lasst diesen Frühling nicht vergehn.
Habt euer Sonnenscheinvergnügen,
Ihr dürft das Lebenswunder sehn.

© Barbara Kopf

Kostbarkeit

Mild ist das Licht am frühen Morgen,
noch klar und rein wie Kinderlächeln.
Wie Unschuld, der getrost geborgen,
die sanften Lüfte Kühlung fächeln.

Von Duft und liebevollem Leben
ist rings die ganze Welt umfangen.
Libellen, die opalen schweben,
als Herz zum Liebesspiel gelangen.

Es ist als würde stille stehen,
die Welt, für einen Augenblick,
in dem wir nur das Leise sehen,
bevor das Laute kehrt zurück.

Die magischen Momente tragen,
sich ins Erinnern ein, als Bild,
das uns an vielen Lebenstagen,
den Schmerz mit Kostbarkeiten stillt

© Barbara Kopf

Frühlingsfreude

Wie wunderbar die Blütensterne,
ein Zeichen, dass es wächst und lebt,
und zeigt, wie sich das Leben gerne,
aus Dunkelheit zum Licht erhebt.

Kaum wehen alle Lüfte linder,
und rieselt lauer Frühlingsregen,
da strecken sich die Pflanzenkinder,
im Garten hier, dem Licht entgegen.

Und auch die andern Lebewesen,
sind längst vom Winterschlaf erwacht.
Es ist, als hätten sie gelesen,
dass jetzt der Frühling Wachsen macht.

Nun ist es so, dass alles richtig,
weil Lebensdrang und Lust bestehen.
Sie sind in allen Jahren wichtig,
bis sie im Herbst dann wieder gehen.

Es jubelt laut, wir sollten singen,
mit allem hier im Lebenskreis.
Noch kann Musik des Lebens klingen.
Was später werden wird? Wer weiß?

© Barbara Kopf

<u>April</u>

April, April

Der Deal mit dem April

Ich hab da ´ne Idee, April,
wie wäre es mit einem Deal,
wenn einer was für´n Andern tut,
dann wär das doch für beide gut.

Am Tag hätt ich gern Sonnenschein,
die Nacht kann ruhig verregnet sein,
ein laues Lüftchen, ab und zu,
ein Sturm wäre freilich tabu.

Frost wär auf jeden Fall passé,
genau wie Hagel und auch Schnee,
stattdessen wär, fürs Protokoll,
linde Frühlingsluft echt toll.

Im Gegenzug tät ich dich preisen,
dir Ehre im Gedicht erweisen,
und ehrlich, ohne Flunkerei,
dich loben wie sonst nur den Mai.

Bist du dazu bereit und willig,
hättst du es garantiert schön chillig,
also, wie schaut`s nun aus, April,
geht das jetzt klar mit uns´rem Deal?

© Sabine Müller

Der PC-Doc

Ich hatte es mir auf der roten Leder-Couch in Daniels Wohnzimmer gemütlich gemacht, als das Telefon klingelte. Mein Freund hantierte nebenan in der Küche und rief mir zu: „Geh doch bitte mal ran!" Ich nahm den Hörer ab und eine Männerstimme sagte: „ Peters von der Firma PC-Doc. Ich hätte gern Frau Beyer gesprochen." Ach, es ging um meinen PC, der die Tage abgestürzt war. Ich hatte ihn in die PC-Werkstatt gebracht, und da ich oft bei meinem Freund lebte, hatte ich natürlich Daniels Telefonnummer dort hinterlegt. „Ja, ich bin Frau Beyer", sagte ich. Daraufhin sagte mir Herr Peters: „Wir haben Ihren PC repariert und gleich ein Virenschutzprogramm aufgezogen, aber was machen wir mit den pikanten Fotos?" Röte stieg mir ins Gesicht. Leicht verärgert antwortete ich: „Was für pikante Fotos?" Darauf Herr Peters: „Meine Mitarbeiter und ich haben sie uns schon mehrmals angesehen. Er pfiff durch die Zähne und meinte. „Klasse Fotos, sind Sie das?" Jetzt wurde ich aber zornig. In Bruchteilen von Sekunden überlegte ich, wie solche Fotos auf meinen PC gelangt waren. Tausend Gedanken gingen mir durch den Kopf. Dann wieder die Stimme von Herrn Peters: „Ja, Frau Beyer, was machen wir jetzt damit?" Bevor ich antworten konnte, nahm mir Daniel den Hörer aus der Hand und rief: „Thorsten, das hast du gut gemacht!" und legte auf. Fassungslos stand ich da. Brüllend vor Lachen sagte Daniel zu mir:

„April, April!!!" Angewidert fragte ich, wer das am Telefon gewesen war. "Das war mein Freund Thorsten, den habe ich gestern Abend gebeten, dass er heute am 1. April hier anruft und dich ein bisschen aus der Reserve lockt." Ich konnte nicht darüber lachen, verließ wütend die Wohnung und fuhr nach Hause.

© Anneliese Leding

Kapriolen im April

An der Wettermachmaschine,
schwitzt des Petrus Azubine,
denn der liebe Herr April,
weiß wieder mal nicht, was er will.

Mal will er Schnee, dann wieder Regen,
schon bald darauf der Sonne Segen,
Gewitter mit heftigen Böen
und Hagelkörnern will er sehen.

Und das alles binnen Minuten,
die Azubine muss sich sputen,
ständig will mit neuen Ordern,
der April was and´res fordern.

Sie drückt ´nen Knopf, legt Hebel um,
sie dreht ein Rad nach rechts herum,
ein anderes das dreht sie flinks,
ganz akkurat, ein Stück nach links.

Oh, wie die Maschine rattert,
wie sie dampft und zischt und knattert,
plötzlich ein Knall, da ist´s passiert,
der Apparat ist explodiert.

Die Wettermeut´, in hohem Bogen,
schwungvoll aus dem Gerät geflogen,
ist nun auf dicken Wolkenhügeln,
sich um die Vorherrschaft am prügeln.

Die Azubine, sie erschrickt,
das Wetter spielt total verrückt,
das findet sie nun echt besch...eiden,
hat ihre Lehre hingeschmissen.

Voll Freude jubelt der April,
nun hat er alles was er will,
und er freut sich unverhohlen,
ob dieser Wetterkapriolen.

Die Azubine fand sehr schnelle,
eine neue Ausbildungsstelle,
Amor suchte schon lang ´ne nette,
Azubine als Amorette.

© Sabine Müller

Mai

Wonnemonat

Maienkraft

Warm und wohlig kam er wieder,
sattes Grün ist sein Gewand,
und es leuchtet nun der Flieder,
endlich kam der Mai ins Land.

Nach Aprilens Kapriolen,
Regenschauer, Sonne, Schnee,
kam er nun auf leisen Sohlen,
Winterkleidung ist passé.

Nun regiert ein wahrer Meister,
Wachstum ist sein Lebenszweck,
wachgeküsste Lebensgeister
tanzen frühlingsfroh und keck.

Seelennot in diesen Tagen,
da das Leben sich jetzt streckt,
müssen manche nun ertragen,
wo der Maigeist nicht geweckt.

Reichet ihnen Eure Hände,
die ihr voller Freude seid,
Maienkraft wird dann behände
öffnen ihre Herzen weit.

© Roland Rothfuß

Der erste Tag im Mai

Endlich ist die Biene Träumerle in ihrem Aufgabenbereich angekommen. Ihre Chefin, die Vorarbeiterin Grimmigguck, hat sie doch tatsächlich bei dem regnerischen Wetter in den nahe gelegenen Garten zum Nektar sammeln geschickt. Der Garten gehört der lieben Frau Schönwetter und ist ein Paradies für die fleißigen Bienen. Doch heute am 1.Mai ist es gar nicht so lustig auszufliegen, Pollen zu sammeln, sie wieder wegschleppen und die extra erbauten Waben mit ihren vielen Nischen damit zu befüllen. Alles nur weil die Menschen Honig haben wollen. Träumerle seufzt tief in sich hinein und fühlt sich ungerecht behandelt von der Grimmigguck, denn nicht eine Kollegin ist weit und breit zu sehen. Die dürfen alle bei der einzigartigen und wunderschönen Königin Hochwohlgeboren sein um ihr Gesellschaft leisten und sie umschwirren und hofieren so gut es nur geht. Das sind immer sehr schöne Stunden. Alle tragen zusammen der Königin Lieder vor, die ein guter Zuhörer ist. Auch sonst ist die Königin Hochwohlgeboren eine sehr nette und vor allem gerechte Regentin. Wenn sie wüsste das die kleine Biene Träumerle allein ins schlechte Wetter muss bekäm mit Sicherheit die Vorarbeiterin einen Tadel. Doch in der Burg Wabenstock fällt bei dem Gesumme und Geschwirre nicht auf wenn eine Biene fehlt.

Also müht sich die kleine Biene Träumerle mit ihrem rot-weiß Regenschirmchen ab. Es ist sehr schwierig für die kleine zierliche Arbeiterin die Balance zu halten. Man kann es sich schon gut vorstellen …, in der einen Hand das aufgespannte Schirmchen und mit der anderen Hand den Nektar sammeln um diesen dann in die Pollensäcke an den Beinchen zu verstauen. Eine Sisyphosarbeit! Dem Bienchen nutzt es auch nichts das man sagt: „Mairegen bringt Segen". Nein!, der Mairegen flutet doch die Pollensäcke. Hätte das Träumerle doch nur ein Regencape! Doch an dem Tag, im letzte Frühjahr war die kleine Biene sehr krank und konnte an der Verteilung der Arbeitskleidung nicht teilnehmen und die Ausgabestelle kann nur einmal im Bienenleben angeflogen werden. Da hat sie Pech gehabt, doch die beste Freundin von Träumerle hat

ihr einmal gesagt das sie mit ihrem Regenschirm-
chen allerliebst aussieht, fast wie ein Marienkäfer.
Daran denkt das Träumerle immer wenn sie ein
Stimmungstief hat. Nun muss sich die tapfere Bie-
ne entscheiden aus welcher Blume sie die meisten
Pollen holen kann. Wie gut das es mittlerweile auf-
gehört hat zu regnen und so kann sie hren Regen-
schutz zur Seite legen. Nun hüpft sie beschingt von
einem Blütenkelch zum anderen und nimmt Kost-
proben. Lustig schaut es aus und ist eine Freude ihr
zuzusehen. Sie ist über und über bestäubt mit Pol-
len.

Hoffentlich schickt Petrus keinen erneuten Mairegen, das würde eine große und sehr klebrige Sauerei
auf ihrem schwarz-gelben Kleidchen werden. Ob-
wohl?! Einer Legende nach die Träumerle einmal
gehört hat soll man, wenn man sich in den Maire-
gen stellt noch etwas wachsen. Das wäre toll! Die
fleißige Arbeiterin ist nämlich sehr klein. Die Grö-
ße von Träumerle ist auch der Grund warum die
Vorarbeiterin Grimmigguck das kleine Bienchen
bei dem schlechten Wetter zur Arbeit schickt, denn
einige seltene Blumen die Frau Schönwetter in ih-
rem Garten hat, öffnen ihren Blütenkelch nur bei
warmen und seichtem Regen, doch das ist ein Ge-
heimnis das es zu hüten gilt.

© Margret Kotzerke

Amors Lied
-Pantum-

Wenn jetzt die Katzen Kätzchen kriegen,
im schönem Wonnemonat Mai,
es wird wohl an der Liebe liegen,
das ist ganz sicher, zweifelsfrei.

Im schönem Wonnemonat Mai,
da liegt viel Liebe in der Luft,
das ist ganz sicher, zweifelsfrei,
das Bienchen liebt den Blütenduft.

Da liegt viel Liebe in der Luft,
hört nur wie´s im Herzen klingt,
das Bienchen liebt den Blütenduft,
so herrlich ist´s wenn Amor singt.

Hört nur wie´s im Herzen klingt,
es wird wohl an der Liebe liegen,
so herrlich ist´s wenn Amor singt,
wenn jetzt die Katzen Kätzchen kriegen.

© Sabine Müller

Juni

Sonnenwende-Zeitgeflüster

Der Rosengarten

Unten am See,
wo blühender Lavendel den Rosengarten säumt,
wo jede Rosenknospe vom nahen Sommer träumt.

Wo die Clematis ihre zarten Ranken hebt und
einem stillen Plätzchen ein Dach aus Blüten webt.

Wo die Hortensie sich zeigt in weißer Blütenpracht
und die Pfingstrose strahlend aus grünen Blättern
lacht.

Wo unter Büschen ganz versteckt die Glockenblu-
men blühen
und sich der Duft vermischt von Flieder und Jas-
min.

Wo Wasser sprudeln aus einem kühlen Quell
und Wassertropfen in der Sonne blit-
zen.Taufrisch,silberhell.

Wo leicht der Wind in der alten Tanne rauscht
und jeder gern dem Lied der Vogelstimmen
lauscht.

Dort im Rosengarten blüht der Zauber der Magie
in Farben, Düften, seidenweichen Lüften und vol-
ler Poesie.

© Marlis Daneyko

Die Lieblingsbank

Ich sitze auf meiner Lieblingsbank,
Sie steht unter einer Eiche am Waldesrand.
Mein Blick schweift über ein grünes Feld,
hier vergess ich die Nöte dieser Welt.
Das Blätterdach schützt mich vor Regen und Sonne.
Hundert Vögel singen ihre Lieder voller Wonne.
Meine Gedanken wandern zurück,
elf Jahre war Charlie hier mein Glück.
Auch Bobby saß neben mir auf der Bank,
ungefähr zwölf Jahre lang.
Gemeinsam mit Gordy werde ich nun alt.
Fünfzehn Jahre zusammen leben wir bald.

Auch wenn wir es nicht mehr hören,
die Amseln werden sich nicht dran stören.
Sie singen ihre Lieder zur Abendstund,
für einen anderen Menschen und einen anderen
Hund.

© Marga Koch

Sommersonnenwende in meiner Heimat

Externsteine, Sonnenwende.
Geheimnisvolles Licht.
Tag und Nacht, kein Ende.
Gedanken im Gedicht.

Externsteine, lange Nacht.
Zauber der Natur.
Illusion in uns erwacht,
Fantasien Spur.

Externsteine, Himmelsspiel.
Leben, fühlen, sein.
Träumen schweben ohne Ziel.
Durch den Mondenschein.

Externsteine, Trommelklang.
Tanzende Poesie,
Feuer und Gesang.
Zaubermelodie.

© Brita Linde

Juli

Urlaubsstimmung

Sonnenlicht

Sieh, wie die Sonne nach uns greift,
sie füllt die Welt mit gold'nem Schein,
die Wolkendecke abgestreift,
ganz unbedeckt will sie heut sein.

Sie lächelt in den neuen Tag,
nimmt von uns, was uns trüb versehrt,
erleuchtet, was nur leuchten mag,
bringt Licht hinein, macht unbeschwert.

Zeig her dein Strahlen, Himmelslicht
verwehre Dunkelheit die Macht
den Trübsinn wollen wir heut nicht
wir wollen, dass die Sonne lacht.

© Barbara Kopf

Losgelöst vom Alltagstreiben

Es ist warm, die Tauben gurren,
sitze auf dem Brunnenrand,
neben mir die Fliegen surren,
halte Beeren in der Hand.

Sonnenlicht durchdringt die Zweige,
Käfer krabbeln in dem Sand.
Ich genieße still und schweige.
Herrlich ist´s im Urlaubsland.

© Sabine Brauer

Ein stilles Plätzchen

Ein stilles Plätzchen,
gewebt aus tausend Blüten,

hier saß ich, träumt`ich, schrieb ich,
spürte sie ....

die lichten Geister der Natur
die diese Schönheit hier behüten

und schrieb ein Dankeslied für sie
voller Poesie.

© Marlis Daneyko

August

Momente des Glücks

Sommerlüfte

Liebestanz der Sommerlüfte,
fliegen auf der kühlen Brise,
nur den Schleier um die Hüfte,
schweben sie durch Wald und Wiese.

Himmelhohes Blau verdeckend,
kaum ein helles Blinken noch,
fedrig zart die Glut versteckend,
blasen sie den Schleier hoch.

Weiß und rein, wie Wattebäusche,
ziehen sie am Himmel dort,
leise, säuselnde Geräusche,
schieben sie von Ort zu Ort.

Sanftes auf und niederschlingen,
Gehen, Kommen, Lichterspiele,
leichtes Wehen.auf den Schwingen,
schenken sie die Sommerkühle.

© Barbara Kopf

Sommermondenschein

Amselsingen, Jubellieder,
lebensfrohe Sommerzeit.
Liebesrufe hin und wieder,
Melodien weit und breit.

Zwitschern, flattern, brummen, summen,
Blütenzauber, wo man schaut.
Ohne jemals zu verstummen,
lauter, leiser Freudenlaut.

Huschen, schleichen, rascheln sachte,
die Natur im Überfluss.
Sonnenlächeln, das uns brachte,
sommerlichen Hochgenuss.

Abends dann beim Sternenflimmern
traulich beieinander sein.
Raus aus dumpfen, tristen Zimmern,
in den Sommermondenschein.

© Barbara Kopf

Ein Kuss auf den Mund

Ein Kuss auf den Mund
ganz ohne Grund
total spontan
hast Du es getan.

Inmitten der Wochen
Ich wollte grad kochen
dein Lieblingsgericht
Ich glaub es noch nicht

Nun geb ich mir Mühe
Mach dazu noch ne Brühe
und ein süßes Dessert
Das bist du mir wert.

Sollst dir die Finger ablecken
Soll richtig lecker dir schmecken
so ganz ohne Grund
wie der Kuss auf den Mund.

© Greta Hennen, 09.06.2013

Sommerwind

(Pantun)

Sommerwind weht sacht und leise
durch die morgenstille Au,
die Amsel flötet ihre Weise
silbern schimmert Morgentau.

Durch die morgenstille Au
blasse Nebenschleier ziehen,
silbern schimmert Morgentau,
Nachtgespenster fliehen.

Blasse Nebelschleier ziehen
zu der Sonne hin ins Licht,
Nachtgespenster fliehen,
strahlend schön der Tag anbricht.

Zu der Sonne hin ins Licht
sag ich Dank auf meine Weise,
strahlend schön der Tag anbricht,
Sommerwind weht sacht und leise.

© Marlis Daneyko

Da pfeif ich drauf

Unter meinem Regenschirm
hör ich ein fröhlich Klopfen.
Vom Himmel tanzen um mich her,
viel tausend Regentropfen.
Sie springen mir in meinen Schuh
und nässen meine Socken.
Ich pfeif ein kleines Lied dazu
und fang´ an zu frohlocken.

© Sabine Brauer

Momente des Glücks

Glückliche Momente
sind seltene Geschenke.
Wie Schmetterlinge, flüchtig und frei,
eh du sie fängst sind sie vorbei.

Es wird in deinem Leben
nur wenige Augenblicke geben,
Ohne wenn und aber – ohne Sorgen,
genieße sie Jetzt, denk nicht – Morgen.

© Marga Koch

September

Herbstzeit-Ahnung

Herbstgedanken

Denkst du noch oft an jenes Jahr,
an den Sommer, der kein Sommer war?
Der Frühling hatte ihn vorweggenommen
und im Herbst bist du gekommen.

Der Wind fegte leise durch die Gassen,
doch du warst einsam und verlassen.
Ich habe dich getroffen
und durfte wieder hoffen.

Der Herbst war voller Liebeslust.
Ich hätt gern mehr von dir gewusst.
Doch du warst da, du warst mir nah,
so dass ich vieles übersah.

Der Winter traf mich hart.
Ich ahnte, dass ein Paar ihr wart.
Ich war allein, du hattest sie.
Verstehen werde ich es nie.

Ich denke oft daran zurück,
an diesen Herbst, an unser Glück.
Er hat so traumhaft angefangen
und ist, oh Schmerz, so schnell vergangen.

© Ingrid Hartung

Abschied vom Sommer

Sie zwitschern und sie sammeln sich
sie fliegen auf und nieder
sie sitzen auf den Drähten
und singen Abschiedslieder.

So fröhlich wie der Aufbruch da
so traurig gehts mir durch den Sinn
mit der munteren Schwalbenschar
geht nun der Sommer auch dahin.

So zieht denn fort ins ferne Land
erfreut dort jene mit Gesang
doch knospet hier der Flieder
dann kommt getreulich wieder.

© Marlis Daneyko

Septemberkur

Schön sind die Tage im September
für Wanderer, Radler, auch für Camper,
spätsommerlich und farbenreich
lädt die Natur ein in ihr Reich.

Sommerastern, Chrysanthemen
lassen es sich nun nicht nehmen,
im Wettstreit mit den Gladiolen,
sich einen guten Platz zu holen.
Rosenstöcke blüh'n zuhauf,
laufen jetzt zur Hochform auf.
Um die Pracht noch zu ergänzen
sieht man in Bäumen Äpfel glänzen,
die mit gelb und roten Schalen
Punkte in das Grüne malen.

Da kann man nur dem Schöpfer danken,
im Farbenspiel auch Kräfte tanken.
Ja, es ist die beste Kur,
hinaus zu geh'n in die Natur.

© Roland Rothfuß

Oktober

Herbstgedanken

Herbst des Lebens

Im Herbst des Lebens lernten wir uns kennen,
wollten uns nie mehr voneinander trennen.
Intensiv und lebendig war die Zeit mit dir,
jetzt steh ich allein unter deiner Eiche hier.

Der Tanz der Blätter hat begonnen,
sie tanzen im Wind wie Primadonnen.
Auch du warst ein Blatt am Baum,
wolltest nicht loslassen den Lebensraum.

Du hast gekämpft bis zur letzten Minute,
mir war oft zum Weinen zumute.
Du schriebst in deinem Krankheitsverlauf:
An jedem Tag geht die Sonne für uns auf.

Im Herbst des Lebens lernten wir uns kennen,
wollten uns nie mehr voneinander trennen.

© Anneliese Leding

Leuchtender Herbst
(Pantun)

Der Herbst gibt sich die Ehre nun
er sitzt im Apfelbaum und lacht
jetzt hat er richtig viel zu tun
hat schönste Farben mitgebracht.

Er sitzt im Apfelbaum und lacht
er singt und pfeift ein Lied
hat schönste Farben mitgebracht,
daß man sie weithin leuchten sieht.

Er singt und pfeift ein Lied
er malt den Äpfeln Bäckchen an,
daß man sie weithin leuchten sieht
und er hat mächtig Spaß daran.

Er malt den Äpfeln Bäckchen an
jetzt hat er richtig viel zu tun
und er hat mächtig Spaß daran
der Herbst gibt sich die Ehre nun.

© Marlis Daneyko

Herbstleid

Als der Frühling kam mit Licht,
kam auch sie, die junge Liebe
und wir wussten beide nicht,
ob sie uns erhalten bliebe.

Doch sie ließ sich mit uns nieder,
auf der Bank dort unterm Baum,
dessen Blätter Liebeslieder
sangen, wie in einem Traum.

Schnöde kam der Herbst gegangen,
riss die Blätterliebe ab.
Doch die Lieder, die sie sangen,
ich in meinem Herzen hab.

Sind auch alle Blätter fort,
und die Bank ist ohne Lieben,
träum ich noch an jenem Ort,
dass sie mir für immer blieben.

© Barbara Kopf

Herbstgedanken

Wenn gold´ne Sonnenstrahlen
bunte Blätter küssen und der
Sommer leise Abschied nimmt,

wenn letzte Blätter matt zu Boden
fallen müssen, weil der Herbst
die wilden Stürme bringt,

sag Dank

genieß die Schönheit und das Sein
auf dieser Welt, ein jeder ist doch nur
ein kleines Blättchen das eines Tag`s
vom Baum des Lebens fällt.

© Marlis Daneyko

November

Geschichten am Kamin

Winterkissenschlacht

In Frau Holles Schlafgemach,
ist Herr Winter aufgewacht,
er fühlt sich frisch und ausgeruht,
das Schläfchen tat ihm richtig gut.

Herzhaft gähnend reckt er sich,
sitzt gleich darauf am Frühstückstisch,
bei frischen Brötchen und Kaffee,
plant er schon den ersten Schnee.

Am Himmelswetterapparat,
steht Herr Frost schon längst parat,
er will, etwa viertel nach zehn,
die Temperatur runter drehen.

Frau Holle sucht die Betten raus,
stapelt sie alle vor dem Haus,
neben der alten großen Fichte,
dort warten schon die Winterwichte.

Und dann geht es auch schon los,
die Freude, sie ist riesengroß,
man hört die Meute, wie sie lacht,
bei ihrer Winterkissenschlacht.

Und während dort im Himmel oben,
die Wichte in den Betten toben,
sich Bettdeckenhüpfburgen bauen,
und Kissen um die Ohren hauen,

wirbeln die vielen Federn, munter,
verzaubert nun als Schnee herunter,
und Herr Winter deckt im Nu,
alles weiß und glitzernd zu.

© Sabine Müller

Zwei Gespensterchen

Es waren einmal zwei kleine Gespensterchen. Ihre Namen waren Bietz und Jelti. Sie steckten noch in den Kinderschuhen und trieben mit allen ihren Schabernack. Ihre Mama fand das gar nicht so gut, denn sie sollten einmal große Schreckgespenster in einem uralten Spukschloß werden. Und so mussten sie zur Schule gehen und lernen wie man furchterregend heult und mit dem Gerippe klappert. Auch Kettenrasseln ist nicht so einfach, wenn es einschüchtern soll. Was sie besonders dumm fanden war, sich in Rauch aufzulösen und durch Ritzen und Schlüssellöcher zu kriechen. Wer gruselt sich bitteschön vor ein bisschen Qualm wenn es nicht brennt? Sie konnten keinen Sinn in dem ganzen Getue sehen und beschlossen, die Geisterwelt zu verlassen. Heimlich packte Bietz die Koffer und Jelti stand Schmiere, damit sie nicht erwischt wurden und ab ging die Post. Sie schwirrten wie die Vögel durch die Lüfte und kicherten wie verliebte Teenager, weil sie sich frei und unbeschwert fühlten. Da sahen sie in einem Baum eine dicke alte Eule sitzen.

Jelti fürchtete sich ein wenig wegen der großen Augen, die ihn unverwandt ansahen. Die Eule sprach ihn an: „Wer bist du? So etwas wie dich habe ich ja noch nie gesehen." „Ich bin das Schreckgespenst Jelti und das da ist mein Bruder Bietz. Wenn wir groß sind, sollen wir in einem Schloß spuken, doch das finden wir alle beide blöd und langweilig. Wir möchten viel lieber wie die Tiere im Wald leben und uns Nester bauen oder mit dem Wind um die Wette fliegen!", meinte Jelti. „ Ich möchte lieber eine Gewitterwolke sein und dann mit viel Krawumm Hagel und Regen vom Himmel werfen. Hey, dass wäre ein Spaß.", warf nun Bietz ein.

Die Eule, Emma war ihr Name, hielt sich den fetten Bauch vor Lachen, sie fand die Gespensterchen zum Quietschen komisch. „Habt ihr nicht Lust bei mir zu bleiben und mir die Zeit ein wenig zu vertreiben? Ich sitze hier immer nur auf diesem Baum herum, weil mich mein Rheumatismus so plagt und ich nicht mehr so recht fliegen kann. Und ich finde es auch viel besser, wenn ihr den Menschen eine Freude macht, statt sie zu Tode zu erschrecken. Denn den Horror machen sie sich schon selber, dazu brauchen sie euch nicht."

Emma war sehr weise und hatte in ihrem langen Leben schon viel gehört und gesehen. Die Menschen taten ihr von Herzen Leid, weil sie so unverständige Wesen waren und sich und ihrer Umwelt ständig Schaden zufügten. Sie erzählte den beiden Kerlchen vor sich die Geschichte der Menschheit, die so gerne Frieden hätte. Durch ihre Gier nach Reichtum und Macht aber immer wieder Kriege anzettelte und Hass und Verzweiflung über die Völker brachte. „Sie sind verblendet und brauchen jemanden, der ihnen zuflüstert, wie sie zum Wohle aller handeln können, alleine schaffen sie das nicht. Ich könnte euch unterweisen und ihr würdet dann den Leuten meine Botschaften ins Herz senken, damit sie Vernunft annehmen.", meinte das liebevolle gutmütige Federvieh.

Bietz schaute Jelti verträumt an und war ganz erfüllt von Emmas Rede. Er wollte unbedingt ein Glücksbringer werden und alle Menschenherzen erfreuen. Begierig sog er die Anweisungen der Eule in sich hinein und es machte ihm Freude zu den Guten zu gehören. Nach einigen Monaten schickte Emma die Gespensterchen auf ihre erste Mission. Begeistert stoben sie los, doch als sie in die Stadt kamen und mit eigenen Augen miterlebten, wie die Menschen es treiben, hat es sie so gegraust, dass sie hell aufschrien und nie mehr gesehen waren.

© Sabine Brauer

November

Die letzte Schwalbe ist schon fortgezogen,
der allerletzte Schmetterling dahin.
Um ihren Duft sind Rosen jäh betrogen,
entblättert sie, mit kalten Winden zieh'n.

In jede Pore dringt das Welken ein,
täuscht Blätterleben, färbt sie gelb und rot.
Bestrahlt von der Novembersonne Schein,
sind sie in Wirklichkeit berührt vom Tod.

Verweht, vergangen ist das Jubeltönen,
von buntem Leben drängend angefüllt.
An starre Stille muss es sich gewöhnen,
von grauen Nebelschleiern eingehüllt.

Nur noch ein Funke ist zurückgeblieben,
bemalt, mit Hoffnung, Schlaf und Träumen,
die zeigen, wenn das Kalt ins Nichts getrieben,
erwachsen Blüten an den kahlen Bäumen.

Der Funke wird aufs Neue sich entzünden,
er wird zum Feuer, lodern wird das Leben.
Von Lieben, Werden, wird sein Lied verkünden,
und alle Welt wird dann voll Lust erbeben.

© Barbara Kopf

Novembernebel am See
(Pantun)

Nebel hüllt den See in graue Schleier ein,
verlassen liegt ein Boot an seinem Strand.
Kein Wellenschlag, kein Möwenschrei`n,
still zieht der November in das Land.

Verlassen liegt ein Boot an seinem Strand,
verloren in der grauen Einsamkeit.
Still zieht der November in das Land,
vorbei ist längst die schöne Sommerzeit.

Verloren in der grauen Einsamkeit,
nicht mehr sich auf den Wellen wiegen.
Vorbei ist längst die schöne Sommerzeit,
keine Möwen die auf und nieder fliegen.

Nicht mehr sich auf dem Wasser wiegen,
kein Wellenschlag, kein Möwenschrei`n.
Keine Vögel die auf und nieder fliegen,
Nebel hüllt den See in graue Schleier ein.

© Marlis Daneyko

Dezember

Im Winterwald

Mein Schlitten

Als kleiner Bub am Nikolaustag
da schaut´ ich in den Garten.
Dort sah ich einen Schlitten stehen,
der schien auf mich zu warten.

Er war geschmückt mit Tannengrün
mit Äpfel und mit Nüssen.
Ein kleines Brieflein war dabei,
mit Nikolausens Grüßen.

Die Schlittenfahrt am gleichen Tag
nichts konnte für mich schöner sein.
Mit roten Wangen, kalten Händen
kam ich erst am Abend heim.

Die Kinderzeit ist längst vergangen
nun steht mein Schlitten ohn` Verdruß
als Schmuck im Garten, mir zur Freude,
als meiner Kindheit Gruß.

© Marlis Daneyko - Foto: Barbara Ried

Wichtelmännchen

Wichtelmännchen

Der Weihnachtsstress, er ist vorbei.
Die Wichtelmännchen haben frei.
Sie packten Päckchen ganz geschwind,
in jedem Land, für jedes Kind.
Nun wandern sie vergnügt nach Haus
und ruhen sich dort tüchtig aus.

© Sabine Brauer

Der alte Mann und der Wald

Weiß die Felder, die Kälte klirrt.
Verschneit die Wälder, einsam irrt
ein alter Mann durch den Winterwald.
Und ihm ist es bitterkalt.

Er sieht ein Licht in weiter Ferne.
In der Stube am Kamin säße er jetzt gerne.
Doch er hat kein Zuhause mehr.
Und sein Rucksack, der ist schwer.

Er ist schon stundenlang gelaufen.
Er möchte gern verschnaufen.
Dann hört er das Lachen der Kinder.
Sie freuen sich an diesem Winter.

Er geht hin, lacht mit,
ist mittendrin und fühlt sich fit.
Ein alter Mann läuft durch den Fichtenwald.
Er findet sein Zuhause bald.

© Ingrid Hartung

Das Gedicht des Jahres

Die Mitglieder des intern. Literatur u. Künstlerforum Garten der Poesie
www.garten-der-poesie.de
bewerten monatlich die eingereichten Beiträge ihrer Kolleginnen und Kollegen.
Ein Werk wird mit einer besonderen Auszeichnung jede Woche gekennzeichnet, mit der „Perle der Woche". Am Monatsende wählen die Mitglieder die „Perle des Monats" und am Jahresende die „Perle des Jahres."
Das Werk des Jahres 2017 trägt den Titel:
„MORGENTAUBLÜTEN" und stammt von Sabine Müller

Das Gedicht des Jahres 2017

Morgentaublüten

Frisch will der junge Tag sich zeigen,
mit Blütenglanz im Morgentau,
mit Zwitscherklängen in den Zweigen,
und erstem zarten Himmelsblau.

Ich lasse mein Blicke schweifen,
fast wähn ich mich im Mythenreich,
wo Elfen über Wiesen streifen,
zum morgendlichen Bad im Teich.

Den Zauber solcher Wunderfrühen,
möcht ich bewahren und ich schau,
dem Tag ins Antlitz, sein erblühen,
glänzt mir im Herz wie Morgentau.

© Sabine Müller

Aufgaben und Ziele für das intern.Literatur-und Künstlerforum Garten der Poesie

Liebe Kunstfreunde!

Sie lieben Konzerte, gute Texte, Malerei und Fotografie? Und sind auf der Suche nach Gleichgesinnten? Dann möchten wir Ihnen unseren "Garten der Poesie" vorstellen. Ein Internet-Forum, das Künstler aus acht Ländern vereint. Ein Forum für Menschen, die kreativ sind und ihre Begabung mit anderen teilen wollen.

Die Geschichte
2006 hatte Bernd Rosarius, der Gründer des Literatur- und Kunstforums, eine Idee: Künstlerisch tätige Menschen sollten sich vernetzen können. Wer im stillen Kämmerlein Gedichte schreibt, auf Reisen Fotos von großer emotionaler Tiefe schießt, oder sich - auf welche Art auch immer - die Welt auf kreative Weise erschließt, muss mit Gleichgesinnten in Kontakt treten können.

Und heutzutage?
Mittlerweile präsentieren 50 Mitglieder aus unterschiedlichen Ländern ihre Werke im Internet. Es ist ein lebendiges Forum entstanden, das zu Gespräch und Austausch einlädt. Freude an künstlerischem Ausdruck verbindet alle unsere Mitglieder über Städte- und Ländergrenzen hinweg. Entgegen den Gesetzen von Wettbewerb und Verdrängung in der gegenwärtigen Berufswelt geht es dem "Garten der Poesie" um Interesse für das, was künstlerische Menschen bewegt. Dabei begegnen wir uns nicht nur im Internet, sondern auch auf Lesungen und bei regelmäßigen Events. "Poesie ist Wahrheit, die in Schönheit wohnt": Dieser Ausspruch des schottischen Dichters Robert Gilfillan ist unser Motto.
Fühlen Sie sich angesprochen? Liegen ungelesene Gedichte und fertige Kurzgeschichten in Ihrer Schublade? Schreiben Sie gerade an einem Internet-Roman oder arbeiten an einem Ölgemälde? Es gibt so viele Möglichkeiten, sich künstlerisch auszudrücken. Doch häufig fehlt es an Zeit, andere kreative Menschen zu finden oder auf entsprechende Veranstaltungen zu gehen. Mit dem "Garten

der Poesie" haben Sie ein Kunstforum gefunden, das alle Begeisterten gleichermaßen willkommnen heißt und jedem die Möglichkeit gibt, an die Öffentlichkeit zu treten. So können Sie jederzeit Ihr Epos bei uns publizieren und ebenso mit anderen Autoren einen Sammelband verfassen.

Gibt es ein Auswahlverfahren?

Nein! Wir freuen uns über jeden Autor und jede Autorin. Egal, ob Sie schon viele Bücher geschrieben haben oder gerade an Ihrem ersten Gedichtband sitzen. Ebenso zählen wir auch Komponisten und Musiker zu unseren Mitgliedern. Die Mitgliedschaft ist übrigens kostenlos - einfach einloggen und loslegen! Wer sich zunächst unverbindlich ein Bild von unseren Aktivitäten machen möchte, ist als Besucher gleichermaßen willkommen. Auf unserer Webseite mit dem Logo einer aufgeblühten Rose verschaffen Sie sich leicht einen Überblick. Klicken Sie sich durch: Lesen Sie veröffentlichte Kurzgeschichten, lassen Sie sich auf eine anregende Fotoreise mitnehmen oder studieren Sie unseren Veranstaltungskalender.

Sie werden überrascht sein, was wir in zehn Jahren an unterschiedlichen Kunstfeldern erschlossen haben. Denn wir sind sicher: Kunst braucht Vernetzung. Gerade in Zeiten der Globalisierung. Im gemeinsamen Nachdenken und künstlerischen Schaffen, in Diskussion und Reflexion bauen wir an dieser Welt mit.

So, wie sich der griechische Philosoph Epikur vor über 2000 Jahren mit seinen Schülern zum philosophischen Diskurs in einem Garten traf, treffen wir uns heutzutage im Internet.

Und ganz aktuell finden Sie uns sogar mit einem eigenen Stand auf der Leipziger Buchmesse 2017!

Wir freuen uns jederzeit über Ihr Interesse: ob persönlich oder im Netz!

Blick zurück ... 2016

Lyrische Blüten verwelken nie!

Buch: 6,90 €
E-Book: 3,49 €
Paperback
88 Seiten
ISBN-13: 9783743195820

Erscheinungsdatum: 09.02.2017